INSTRUCTIONS
POUR L'EXÉCUTION
DES RÉGLEMENS
CONCERNANT LES ACTES

DE BAPTÊME, MARIAGE ET SÉPULTURE,

Sous le ressort du Parlement de Nancy,

SUIVIES D'UN PROTOCOLE

DE LA FORME DES ACTES,

SUIVANT LES DIVERS CAS.

A NANCY,

Chez la Veuve CHARLOT, Imprimeur du PARLEMENT,
rue de la Poissonnerie, près de la Place Royale.

M. D. CC. LXXXIV.

AVERTISSEMENT.

LEs preuves de la naiſſance, du mariage & du décès, conſtituant l'état des Hommes, l'ouverture & l'ordre des ſucceſſions aſſignant à chaque individu le rang qu'il doit occuper dans la ſociété civile, il étoit très-important d'aſſûrer ces preuves ; auſſi en a-t-on, de toute antiquité, confié le ſoin & le dépôt à la portion la plus éclairée & la plus digne de la confiance publique, aux Curés des Paroiſſes. On s'étonnera toujours qu'ils ayent commencé ſi tard à porter attention ſur cet objet, & à conſidérer moins les Actes de Baptême, Mariage & Sépulture comme Actes civils, que comme de purs Actes Eccléſiaſtiques, preſques indifférens. On ne trouve, juſqu'au milieu du dernier ſiècle, que des Régiſtres informes, des feuilles volantes, des Actes non ſouſcrits des Parties ni des Célébrans ; preſqu'aucuns Actes de Décès ; preſqu'aucuns ſur leſquels on puiſſe établir une filiation, beaucoup d'Actes où le ſurnom des Mères eſt omis, &c. &c. La Puiſſance civile s'eſt enfin occupée de la régularité de ces ſortes d'Actes ; en France, par pluſieurs Règlemens, & définitivement par la Déclaration du 9 Avril 1736 ; en Lorraine, par l'Ordonnance de 1701, les Arrêts & Règlemens des 3 Février 1747, 15 Juin 1764, 11 Janvier 1774 & 3 Mai 1783, & l'enrégiſtrement du 3 Juin 1773 des Articles XVII, XVIII, XXV, XXVI, XXVII

& XXVIII de ladite Déclaration de 1736. Quoique ces Arrêts ayent prononcé des peines pour contravention à leurs dispositions, on voit naître journellement des difficultés sur la forme des Régistres & le contenu aux Actes, par l'embarras qu'éprouvent les Curés à rassembler tant de dispositions. C'est ce qui a déterminé M. le Procureur-Général à donner ces Instructions, & à les faire imprimer.

C'est pour leur éviter, & prévenir des contraventions aussi nuisibles à eux-mêmes, qu'au public, qu'on a jugé convenable de leur donner une Instruction détaillée, avec un Protocole sur chaque espèce d'Actes ensuite de la disposition des Loix & Règlemens. On y a ajouté quelques énonciations qui, sans être rigoureusement prescrites, sont d'une utilité évidente. Par exemple, d'exprimer d'où sont originaires les principales Parties contractantes, afin qu'en partant d'un Acte on puisse recourir à d'autres, pour établir une filiation suivie. M^{rs}. les Curés ont l'expérience que journellement on est arrêté sur ces omissions. On attend de leur attachement au bien public qu'ils préviendront cet inconvénient; il y a aussi une multitude d'observations importantes auxquelles il sera facile de se conformer. On a cependant eu soin d'exprimer en lettres italiques les objets qui emportent une contravention & la peine.

INSTRUCTIONS

POUR L'EXÉCUTION DES RÉGLEMENS

CONCERNANT LES ACTES DE BAPTÉME, MARIAGE

ET SÉPULTURE,

Sous le ressort du Parlement de Nancy,

SUIVIES D'UN PROTOCOLE

DE LA FORME DES ACTES

SUIVANT LES DIVERS CAS.

OBSERVATIONS

*Sur la forme, la vérification & conservation des Régistres,
la redaction & expédition des Actes.*

LEs Curés, Vicaires, (résidens) Administrateurs, Desser-vans, & autres Prêtres préposés au gouvernement des Paroisses, doivent *tenir des Régistres doubles, pour inscrire sur chacun par duplicata, tous Actes de Baptême, Mariage & Sépulture.*

Si la Paroisse est considérable ils peuvent tenir un Régistre double des naissances, un autre double des Mariages, & un Arrêt de Règlement du 15 Juin 1764.

troisième aussi double des Sépultures. (*Dans l'esprit de la Déclaration du 27 Septembre 1748, les Actes doivent être rédigés en langue Françoise, à peine de cinq cent livres d'amende.*)

Arrêt de Règlement du 11 Janv. 1774. Les Curés, &c. soit étrangers, soit du Royaume, hors du ressort du Parlement de Nancy, qui ont des Annexes, même des Hameaux sous ce ressort, doivent tenir des Régistres pour ces *Annexes ou Hameaux*, en se conformant aux Règlemens de ce Parlement ; ils doivent y être contraints par la Partie publique du Bailliage Royal, par saisie du temporel ou autrement.

Édit de Fév. 1773. Les Chapitres des Cathédrales, Collégiales & Communautés Religieuses doivent tenir Régistre des Sépultures.

Les Aumôniers des Hôpitaux où l'on reçoit des Enfans exposés, doivent tenir Régistres de Baptêmes & Sépultures.

Idem. Les Communautés Religieuses doivent tenir des Régistres des Actes de Vêture, Noviciat & Profession, & les renouveller chaque cinq ans.

On doit, pour la conservation de ces Régistres, les couvrir d'un carton ou papier, à la face duquel on doit annoter la qualité du Régistre & pour quelle année il est fait.

L'un & l'autre Régistres doivent être en papier timbré, à peine de deux cent livres d'amende, cours du Royaume, suivant les Lettres-Patentes du 1er. Juin 1771.

Les Régistres étant réunis dans un même Greffe pour toutes les Paroisses du ressort d'un Bailliage, devroient être d'un format uniforme, c'est-à-dire, tous en papier de Cour ou tous en papier de Bailliage.

Arrêt du 15 Juin 1764. Les Régistres des Paroisses doivent être fournis aux frais des Fabriques ou des Paroissiens, à défaut de Fabrique, même de ceux qui ont les charges de Fabrique.

Idem. Ils doivent contenir le nombre des feuillets proportionné à l'étendue de la Paroisse. Il est expédient de laisser une marge du quart du papier pour les additions.

Un mois avant le commencement de chaque année, les Curés Arrêt du 11 Janvier 1774. & autres avant dits, doivent *déposer au Greffe du Siége Royal qui a connoissance des cas Royaux dans la Paroisse, les Régistres destinés pour l'année suivante,* toujours aux frais des Fabriques, &c. pour le voyage. Ils peuvent y être contraints par saisie du temporel. Ces Régistres seront cottés & paraphés par un Commissaire du Siége, par premier & dernier feuillet, *& retirés du Greffe par lesdits Curés, &c. avant le commencement de l'année pour laquelle ils auront été destinés.*

Les deux Régistres, remplis ou non, *seront rapportés au même* Idem. *Greffe dans les six semaines du commencement de l'année suivante, par le soin des Curés, &c.* sous la peine de saisie du temporel, & aux frais des Fabriques, &c. pour être procédé à leur vérification.

Le Greffier y annotera le jour de l'apport, il les déposera sur le Bureau de la Compagnie.

Le Juge barrera les feuillets qui resteront vuides, & les blancs épars des deux Régistres.

A la fin de chaque Régistre il sera dressé Procès-verbal de leur état.

S'il y a contravention aux Règlemens, punissable d'aumône, le Procès-verbal en fera mention, avec un soit communiqué à la partie publique, qui requerra l'aumône de dix livres.

Cette somme s'entend pour toutes les contraventions des deux Régistres doubles, & non pour chaque contravention.

Les Curés, &c. seront tenus des dépens & dommages-intérêts des Parties lésées & plaignantes & du défaut de rédaction régulière, d'où résulteroit l'incertitude de l'état & condition desdites Parties.

La peine de dix livres ne sera pas comminatoire; le Juge l'appliquera en œuvres pies.

En cas de récidive, la peine sera arbitraire & applicable de même; le Jugement qui prononcera lesdites peines sera mis à exécution par la Partie publique, par faisie du temporel, à peine d'en répondre en son propre & privé nom.

Les peines ne devant s'étendre, on ne doit en prononcer que pour ce qui est strictement ordonné par les Règlemens, & non pour ce qui est conseillé dans cette Instruction *ad melius* & imprimé en italique.

Les vacations du Juge pour chacun Régistre, sont de cinq sous, & moitié au Greffier, aux frais de la Fabrique, &c.

Un des Régistres ainsi vérifiés sera remis aux Curés, &c. comme minute. L'autre demeurera déposé au Greffe comme grosse, duquel le Greffier donnera décharge auxdits Curés, &c.

Les Curés & les Greffiers donneront des expéditions sur papier timbré des Actes de ces Régistres, quand ils en seront requis, *moyennant six sous de Lorraine par chacun, le papier compris.* Elles seront conformes aux Régistres, à peine de faux.

Chacun des deux Régistres fera également foi.

(Dans les expéditions qui se donnent des Actes, il est bon d'y exprimer le Diocèse, la Province & le Bailliage où la Paroisse est située. Par exemple....... Extrait des Régistres de Baptême, Mariage & Sépulture de la *Paroisse St. Sébastien de Nancy, Diocèse & Bailliage* de Nancy, Province de Lorraine.)

Les Curés, Vicaires, &c. doivent soigneusement conserver ces Régistres contre toute altération & en lieu sûr, fermant à clef; ils doivent être présens aux recherches & expéditions, s'ils ne les font eux-mêmes, sans se défaisir du Régistre.

Les Curés, &c. encourent la peine de dix livres s'ils ne *redigent les Actes aux deux Régistres dans le jour & immédiatement après la célébration; s'ils laissent des blancs intermédiaires, ou s'ils interceptent l'ordre des Actes & leurs dates;*

s'ils négligent d'exprimer la date de la rédaction ; s'ils n'écrivent pas d'un texte suivi & d'une manière lisible ; s'ils ajoutent aux Actes par interligne, les additions devant être écrites à la marge signées du Célébrant & de ceux qui auront signé ou signeront l'Acte ; si les surcharges & ratures ne font approuvées à la fin de l'Acte avant les signatures, avec expression du nombre des mots raturés. (N^a. Il est d'usage d'indiquer dans l'approbation des ratures en surcharge, à la quantième ligne de l'Acte chaque rature ou surcharge se rencontrent.) Si après lecture faite, l'Acte ne contient une interpellation de signer à ceux qui doivent le faire, & n'exprime s'ils ont déclaré ne savoir signer ; si le Célébrant néglige de signer lui-même sur les deux Régistres, d'y faire signer les Parties & Témoins ; si le Rédacteur a donné des qualifications aux Parties qui ne soient avouées des Assistans.

INSTRUCTIONS PARTICULIERES

SUR LES ACTES DE BAPTEME.

Il y a contravention & peine de dix livres s'il n'est fait mention, 1°. *Du jour & de l'heure de la naissance de l'Enfant.* 2°. *De son nom* (qui ne devroit jamais être celui du Père pour éviter la confusion des filiations) 3°. *Des nom & surnom, demeure, état & profession de ses Père & Mère,* avec expression si l'Enfant est posthume, & si la Mère est décédée. 4°. *Des noms & surnoms des Parains & Maraines.* 5°. *Du nom d'un Enfant naturel.* 6°. *De celui de sa Mère & de son origine & demeure ; & jamais du nom de celui qui aura été indiqué pour en être le Père.*

S'il y a deux Jumeaux, il faut avoir attention de baptiser celui que le Père & la Matrone auront déclaré être né le premier & l'exprimer.

Le Curé n'ayant aucune connoiſſance perſonnelle du jour & de l'heure de la naiſſance & des autres faits, tel que celui de bâtardiſe, doit prudemment exprimer qu'ils lui ont été certifiés par les Aſſiſtans.

Il ſeroit auſſi très-intéreſſant qu'il exprimât le lieu dont les Père & Mère ſont originaires, pour faciliter les recherches dans les Régiſtres publics, & établir plus facilement les filiations.

Il paroît également utile, lorſque les Parains & Maraines ſont Parens ou alliés à l'Enfant, d'exprimer le dégré de parenté ou d'alliance, & par qui il y a alliance, le domicile deſdits Parains & Maraines.

Si par le Mariage ſubſéquent l'Enfant eſt légitimé, & qu'il en ſoit fait mention en l'Acte de célébration du Mariage, on peut en tenir note ſouſcrite des Époux & du Curé, en marge de l'Acte de Baptême, en indiquant la date de l'Acte de célébration.

On doit exprimer *ſi le Père eſt préſent à la célébration ou rédaction de l'Acte*, & s'il eſt préſent *faire mention s'il a ſigné aux deux Régiſtres, de ce interpellé, ou s'il a déclaré ne ſavoir ou ne vouloir ſigner.*

Il eſt d'uſage de baptiſer, ſous condition qu'il ne l'auroit été, un Enfant expoſé, malgré que l'on ait trouvé ſur lui un extrait d'Acte de Baptême.

Il y a contravention *ſi l'Acte n'eſt ſigné aux deux Régiſtres des Parains & Maraines, ou s'il n'eſt fait mention qu'ils ont déclaré ne ſavoir ſigner;* on doit exprimer que lecture a été donnée de l'Acte; il y a auſſi contravention *ſi le Célébrant n'a lui-même ſigné auxdits deux Régiſtres.*

Quand il eſt fait mention de quelque déclaration par la Matrone, il faut la lui faire ſigner.

INSTRUCTIONS PARTICULIERES

SUR LES ACTES D'ONDOYEMENT.

Lorsqu'il y a eu nécessité d'ondoyer un Enfant, & qu'ensuite & le même jour il y a eu supplément des Cérémonies de Baptême, ou si le Curé ou le Vicaire ont cru devoir baptiser sous condition l'Enfant prétendu ondoyé, il suffira dans l'esprit du Règlement de 1783, de dresser un Acte de Baptême en la forme ordinaire, en faisant mention de l'ondoyement, du jour & de l'heure de la naissance, sur le rapport de la Matrone ou autres personnes présentes ; mais si l'ondoyement doit précéder le Baptême au-delà du jour de la naissance, il sera dressé deux Actes, *l'un de l'ondoyement & l'autre du Baptême , le jour qu'ils auront été faits & célébrés.*

Dans le cas où la Matrone aura fait l'ondoyement ou si elle y a été présente, *elle en avertira le Curé ou Vicaire, &c. sous peine de dix livres d'amende, pour en être par eux dressé Acte sur le champ sur les deux Régistres , (si le Baptême doit être différé); avec expression du jour & de l'heure de la naissance de l'Enfant, des noms & surnoms des Père & Mère, vivans ou défunts, & de la signature du Père, s'il est présent & s'il sait signer, de ce interpellé , & sera fait mention s'il ne sait signer ou la Matrone.*

Si l'Enfant est mort n'étant qu'ondoyé, il sera dressé un second Acte au Régistre des Sépultures.

Il est d'une extrême importance de dresser Acte au Régistre de la Sépulture, dans le cas où un Enfant est mort en naissant, même sans être ondoyé ; ou s'il est mort au sein de la Mère ; lequel Acte sera signé de la Matrone & autres personnes présentes à l'accouchement , avec expression de l'heure de l'accouchement.

B

Si c'est un Enfant naturel qui soit mort en naissant ou au sein de la Mère, les personnes présentes à l'accouchement certifieront leur présence par la signature de l'Acte, comme présomption que la Mère n'est pas accouchée en secret, & n'a pas encouru la peine que les Loix prononcent à défaut de déclaration de grossesse.

INSTRUCTIONS

SUR LES ACTES DE MARIAGE.

Quoiqu'il ne soit pas nécessaire de dresser Acte des fiançailles, cependant les simples promesses forment un empêchement d'honnêteté publique & donnent action, soit pardevant le Juge d'Eglise, soit en dommages-intérêts pardevant le Juge Royal. L'usage est établi que, lorsque les fiançailles ne précédent pas le Mariage du tems ordinaire pour la publication des bans, il en soit dressé Acte aux Régistres des Mariages; néanmoins les contraventions aux formalités n'emporteroient pas de peine, les Règlemens n'ayant rien prononcé sur cette espèce d'Acte.

Il y a contravention & peine de dix livres *s'il n'est fait mention aux Actes de célébration de Mariage, des noms, surnoms qualité & demeure des Contractans, de leur Père ou Mère, vivans ou défunts, & de leur consentement.* Les consentemens par écrit donnés par les Père & Mère, Tuteurs & Curateurs, doivent être authentiques, légalisés & joints à la minute de l'Acte. Le consentement de la Mère s'entend de la Mère Veuve du Père du Contractant.

Il seroit expédient d'exprimer, outre le domicile actuel des Contractans, le lieu dont ils sont originaires, s'ils ne sont de la Paroisse.

On doit y exprimer *s'ils sont Enfans de famille, majeurs*

ou mineurs , & en cas de minorité , n'ayant Père ni Mère , les noms , surnoms , qualités , demeures & consentement de leurs Tuteurs & Curateurs donné en Assemblée de famille. Si les Tuteurs & Curateurs sont absens , le consentement doit être authentique & légalisé ; si les Père & Mère sont présens sans opposition au Mariage , ils sont présumés y donner leur consentement ; mais s'ils sont absens , il faut exprimer leur consentement par écrit ou les sommations respectueuses par les Fils au-dessus de trente ans , & les Filles au-dessus de vingt-cinq , sans lesquels consentemens ou sommations il ne doit pas être passé outre à la célébration.

On doit énoncer si l'Epouse est veuve & mineure , & en ce cas exiger d'elle le consentement de ses Père & Mère , ou si elle est majeure , une sommation respectueuse. Tout consentement donné par des absens ou sommation respectueuse , doivent être authentiques & légalisés. Si la Veuve n'est pas de la Paroisse , elle doit justifier de son veuvage par l'extrait mortuaire de son Mari , authentique & légalisé.

Le consentement de la Mère , quoique convolée à de secondes Nôces , est nécessaire pour le Mariage des Enfans de famille.

Les Veufs n'ont besoin de requérir aucun consentement , quel âge ils ayent ; il convient d'exprimer les noms & surnoms des Maris ou Femmes défunts. Les consentemens des personnes absentes doivent être joints à celui des deux Régistres qui doit servir de minute ; on doit l'exprimer en l'Acte.

Les Mariages doivent être célébrés en présence de quatre témoins qui soient Parens , Alliés ou Amis , s'ils se peut , avec expression du dégré de parenté ou alliance , & du chef de qui il y a alliance ; les noms , surnoms , qualités & domicile desdits témoins.

Les témoins doivent être mâles , au-dessus de l'adolescence, (vingt-cinq ans) autres que les Tuteurs & Curateurs , s'ils sont au nombre des contractans par leur consentement ; les Maîtres d'École qui assistent le Célébrant ne doivent être témoins qu'au défaut d'autres.

L'Acte doit exprimer s'il y a dispense de bans & dispense pour cause de parenté ou autre empêchement ; *l'Acte doit être signé des Contractans , Pères , Mères , Tuteurs , Curateurs présens , & des Témoins , aux deux Régistres , de ce interpellés ,* lecture faite , *avec expression s'ils ne savent signer ; il doit aussi être signé du Célébrant ;* le tout sous la peine de dix livres.

Le Célébrant ne doit passer outre au Mariage , s'il y a opposition qui lui soit notifiée.

Il ne doit passer outre, s'il ne lui apparoît de la publication des bans de celui des Contractans qui n'est pas de sa Paroisse ; la preuve doit être par écrit , même authentique & légalisée , si la signature du propre Prêtre qui a certifié la publication n'est pas connue du Célébrant. L'Acte doit faire mention de cette publication , du nom de la Paroisse & du jour où elle s'est faite , ainsi que des dispenses ; elle doit se faire à trois Dimanches ou Fêtes , à la Grand'Messe ; s'il n'y a dispense il doit y avoir un jour au moins d'intervalle entre chacune publication.

Tous Mariages doivent être célébrés par le propre Prêtre de l'un des Contractans , ou en sa présence , de l'aveu & consentement du propre Prêtre de l'autre , par écrit & en bonne forme. Quoique , dans l'usage , la célébration se fasse par le propre Prêtre de la Fille , le Mariage fait par celui du Garçon , ou en sa présence , sera valide : *Servatis servandis.* La présence du propre Prêtre ne se prouve que par sa signature au bas de l'Acte , avec celle du Célébrant ; l'aveu & consentement du propre Prêtre qui ne célèbre pas se prouve suffisamment par le certificat qu'il donne de publication de bans. Il ne peut le refuser sans des raisons que la Loi approuve.

L'Ordinaire peut suppléer au consentement du propre Prêtre : *invito Parocho*, étant lui-même le premier propre Prêtre ; il est présumé ne le faire que pour d'importans motifs.

Aucun Prêtre ne peut célébrer un Mariage sans le consentement du propre Prêtre ou l'autorisation de l'Ordinaire, par écrit ; le consentement est présumé lorsque l'Acte est rédigé au Régiftre de la Paroiffe du propre Prêtre. Hors ce cas il doit être écrit en bonne forme, & joint au Régiftre qui fert de minute.

Il y a clandeftinité de Mariage fi la célébration eft faite par autre que par le propre Prêtre, & hors de fa préfence, ou fans fon confentement ; de même, par l'erreur où les Parties auroient induit le Curé en fe difant de fa Paroiffe ; de même, fi le défaut de publication de bans ou de difpenfe concourt avec le défaut de confentement des Pères & Mères des Mineurs, ou de leurs Tuteurs ou Curateurs. La clandeftinité étant un défaut extérieur qui conftitue le vice du Mariage, & en opère la nullité, ce défaut fe répare par la réhabilitation publique ; de laquelle doit être dreffé Acte au Régiftre des Mariages, avec expreffion des noms, furnoms, âge & fexe des Enfans qui font nés du Mariage clandeftin.

Si les Parties étoient libres & majeures, lorfqu'elles ont contracté un Mariage clandeftin, elles peuvent être contraintes par la Juftice Eceléfiaftique, même par la Juftice Séculière, à le réhabiliter ; de laquelle réhabilitation, en faifant preuve de la publication des bans, tant à la Paroiffe du domicile qu'en celle de la réfidence actuelle des Contractans, il doit être dreffé Acte au Régiftre des Mariages.

Le propre Prêtre des mineurs eſt celui du domicile de leur Père ou de leur Mère ſurvivante, Tuteur ou Curateur; le propre Prêtre des majeurs eſt celui de la Paroiſſe où ils ont réſidé pendant les ſix derniers mois, pourvu qu'ils n'ayent pas changé de Dioceſe pendant l'année; s'ils ſortent d'un autre Dioceſe il faut une année de réſidence dans la Paroiſſe pour être réputé Paroiſſien. Une réſidence moins longue n'établiroit point le propre Prêtre, mais une obligation de publier les bans dans le lieu de la dernière réſidence & celui du dernier domicile des Père ou Mère, vivans ou défunts, lequel dernier domicile des Père ou Mère établiroit le propre Prêtre.

Le ſeul défaut de conſentement des Père ou Mère, Tuteur ou Curateur des mineurs, n'établiroit pas généralement clandeſtinité & nullité de Mariage, comme Sacrement; mais le rendroit, ſuivant l'Édit de 1723, inſuſceptible d'effets civils; à moins, comme on l'a dit, que le défaut de publication de bans ne concourt; le Mariage ſeroit ſeulement déclaré non validement contracté, avec liberté d'en contracter un autre ou réhabiliter le premier, en réparant ce qu'il y auroit de défectueux. Cependant, lorſqu'il y a diſproportion d'âge, de manière qu'il y ait juſte ſujet de préſumer qu'il y a eu ſéduction par l'une des Parties, le défaut de conſentement des Père ou Mère, Tuteur ou Curateur de la Partie moins âgée, ſeroit annuller le Mariage ſur la plainte des intéreſſés, par préſomption de rapt, équivalent au rapt de violence, qui, ſuivant les Canons, forment empêchement diriment; il y a de ce cas nombre d'exemples.

Le ſimple défaut de publication de bans n'annulleroit pas comme clandeſtin le Mariage d'un mineur ayant d'ailleurs les conſentemens néceſſaires, non plus que celui d'un majeur, il faudroit qu'il eut été contracté par autre que

le propre Prêtre, ou hors fa préfence & fans fon confentement, ou fans le concours de l'Ordinaire comme propre
Prêtre.

Mais le défaut de propre Prêtre, ou de fa préfence ou
de fon confentement, ou du concours de l'Ordinaire comme
propre Prêtre, établiroit feul la clandeftinité & la nullité du
Mariage.

On ne parle pas ici des défauts qui n'ont rapport qu'à la
confcience & n'intéreffent que le for intérieur, & pour lef-
quels il n'eft pas néceffaire d'une réhabilitation publique, vû
qu'ils ne forment pas la clandeftinité.

Lorfque le propre Prêtre ne connoît pas les Contractans,
& a jufte fujet de craindre d'être trompé par de fauffes
déclarations de leur part, fur leurs noms & la qualité, ainfi
que leur liberté à contracter Mariage, tel qu'il arriveroit
d'un Soldat qui n'auroit pas une permiffion valable de fes
Supérieurs, le propre Prêtre doit s'affûrer de fa liberté par le
témoignage de quatre perfonnes qu'il connoît pour être dignes
de foi, & qui doivent l'attefter au Régiftre par leurs fignatures;
de quoi il doit être fait mention.

Les Régiftres des Paroiffes ne pouvant être tirés de leurs
dépôts & tranfportés hors de la Paroiffe, les Actes de
Mariage & autres doivent être rédigés fur les Régiftres de la
Paroiffe où le Mariage a été célébré par emprunt, & non fur
ceux de la Paroiffe du propre Prêtre; en ce cas il doit tenir
une fimple note fur fon Régiftre, du Mariage célébré, de
la Paroiffe où il a été célébré, & de la date de l'Acte
de célébration, pour fervir d'indication en cas de recherches.

INSTRUCTIONS
Sur les Actes de Sépulture.

Il doit être fait mention, en l'Acte *des jour & heure*

du décès , des noms, surnom , qualité & domicile de la per-
sonne décédée , même des Enfans , fur le rapport des Parens ou affiftans , *& de la date de l'Aĉte. Par la*
qualité on entend l'âge , la Profeffion , l'état de Mariage ,
celui de Veuvage , l'état de Fils ou Filles non mariés ;
il faut donc énoncer *de qui le défunt étoit Mari ou*
Veuf, tant en premières , qu'en fecondes & autres Nôces ,
les noms , furnoms des Père & Mère , vivans ou défunts ,
des Fils ou Filles décédés non mariés , & de leur domicile
actuel.

En exprimant le dernier domicile , il feroit expédient , fi
le défunt étoit originaire d'une autre Paroiffe que de celle de
fa demeure , de défigner cette Paroiffe ; le tout fur le rapport des Parens ou affiftans.

Lorfque la Sépulture fe fait hors du lieu du décès, on
doit l'exprimer en l'Aĉte.

L'Aĉte doit être *figné aux deux Régiftres , du Célébrant*
& de deux ou trois témoins affiftans , en préférant les Pa-
rens ou Alliés , ou à leur défaut, *les Amis ou Voifins ,*
perfonnes mâles & majeures , en exprimant *leur nom , fur-*
nom , qualité & domicile , le dégré de parenté ou al-
liance , & par qui il y a alliance , & la déclaration
que certains d'eux auront faite de ne favoir figner , de ce
interpellé.

Il n'eft pas convenable que les Maîtres d'École qui ont
affifté le Célébrant , foient témoins que par le défaut d'autres.

INSTRUCTIONS
Sur les Actes de Vêture, Noviciat
et Profession.

Les Maifons Religieufes des deux fexes doivent tenir des

Régistres par duplicata, dans la forme de ceux des Paroisses, excepté qu'il doit être dressé Acte en tête, qui autorise le Supérieur ou la Supérieure à cotter ou parapher chaque feuillet.

On doit y écrire en Langue Françoise les Actes de Vêture, Noviciat & Profession.

Ils doivent être dressés à l'instant de la Cérémonie, & signés du Célébrant, du Novice ou Profès, du Supérieur ou de la Supérieure, & de deux témoins assistans, personnes mâles, dont les noms, qualité & domicile doivent être exprimés, en préférant les Parens ou alliés plus prochains du Novice ou Profès, & à leur défaut, les Amis, avec expression du dégré de parenté ou alliance, & par qui il y a alliance, avec mention de ceux qui ont déclaré ne savoir signer, de ce interpellés. On fait mention des nom & surnom du Novice ou Profès, des noms, surnoms, qualité, domicile de fait & origine de ses Père & Mère, vivans ou défunts. L'Acte doit être daté du jour de sa rédaction.

Ces Régistres ne seront renouvellés que chaque cinq ans; l'un d'eux, servant de grosse, sera envoyé, dans les six semaines après l'échéance des cinq années, au Greffe de la Jurisdiction où ressortit la Maison Religieuse, ayant connoissance des Cas Royaux. Le Juge barrera les blancs & vuides à l'instant de l'apport; le Greffier y fera mention du jour de l'apport, & donnera décharge au Supérieur; les vacations du Juge sont de cinq sous, & celles du Greffier de moitié, cours du Royaume.

L'autre Régistre sert de minute, & demeure au Monastère; la Loi ne les assujettit pas à la vérification. Tous deux font également foi; on peut requérir expédition de l'un comme de l'autre.

Quoique la Loi ne prononce aucune peine pour le défaut de Régiſtres , il n'eſt pas douteux que le Supérieur du Monaſtère ne puiſſe y être contraint par les voies de droit.

PROTOCOLE
D'UN ACTE DE BAPTÉME
ORDINAIRE.

L'an......... le......... Janvier , eſt né à ſix heures du matin , Jean-François , (1. 2.) Fils légitime de Charles Dubois , Maître Charpentier de cette Paroiſſe , (3.) & de Marie Liébaut , auſſi de cette Paroiſſe , (4.) baptiſé le même jour , par moi Curé ; (5.) il a eu pour Parain Jean-François Liébaut , ſon Oncle maternel , Charon , réſident à.............. & pour Maraine Françoiſe François , ſa Tante , à cauſe de Joſeph Dubois , réſident à .... Le préſent Acte rédigé à l'inſtant du Baptême ; (6.) le Père préſent , l'ayant ſigné avec moi & les Parain & Maraine , (7.) lecture faite.

---

1. Fils poſthume de feu Charles Dubois , &c. décédé le.......

2. L'aîné de deux jumeaux nés en légitime Mariage de Charles Dubois , &c. & de.......... ſuivant la Déclaration du Père (de la Matrone).

3. 4. Originaire de celle de...........

5. Vicaire , (Adminiſtrateur) Religieux Capucin , &c.

6. Le Père abſent.

7. Et a la Maraine déclaré ne ſavoir ſigner , de ce interpellée.

ACTE DE BAPTÊME

D'UN ENFANT NATUREL.

L'an, &c. Jean ; Fils naturel de Marie Liébaut, Fille (1.) majeure de cette Paroisse, (2. 3. 4.) est né à six heures du matin, (5.) & a été baptisé le même jour ; ayant pour Parain François Liébaut, Charon, & pour Maraine Françoise François, femme de.................. de cette Paroisse, qui ont signé avec moi & la Matrone, (6) lecture faite.

L'Enfant a été légitimé par le Mariage subséquent, et célébré en la Paroisse de.... le.... Mai 17.... De quoi est fait la présente annotation en vertu du Décret de MM. au Bailliage de.... du.... Juillet 17.... dont copie à marge qu'ici est mis, & jointe au présent Registre servant de minute.

1. Mineute.
2. De la Paroisse de............ habituée dans celle-ci depuis............ jours.
3. Suivant la déclaration de............. Matrone de cette Paroisse.
4. Ladite Marie Liébaut décédée à l'instant de l'accouchement.
5. Ladite Liébaut accouchée en présence de............
6. Excepté la Maraine, qui a déclaré ne savoir signer, de ce interpellée.

ACTE A DRESSER

AU CAS OÙ UN ENFANT LÉGITIME EST SORTI MORT

DU SEIN DE SA MERE OU EN NAISSANT.

L'an.......... le............ Marie Claude, Matrone de ce lieu, & Nicolas Prevot, Marchand en cette Paroisse, ayant fait rapport que le même jour, à six heures du matin, Marguerite Simon, femme dudit Prevot, est accouchée d'un

Enfant mort , (1.) qu'ils m'ont repréſenté. J'ai dreſſé le préſent Acte , ſigné dudit Prevot & de ladite Matrone , avec moi Curé , après lecture faite. (2.)

---

1. Mort en naiſſant ſans avoir été ondoyé ni baptiſé.

2. Et a ladite Matrone déclaré ne ſavoir ſigner , de ce interpellée.

ACTE A DRESSER

Au cas où un Enfant naturel est sorti mort du sein de sa Mere.

L'an , &c. Marie Claude , Matrone de ce lieu , &...... femme de............ auſſi de cette Paroiſſe , m'ont fait rapport que Marguerite Simon , Fille majeure de............. & de............ ſes Père & Mère , de la Paroiſſe de................. ladite Simon de cette Paroiſſe depuis............. eſt accouchée en leur préſence d'un Enfant ſorti mort de ſon ſein, (1.) qu'elles m'ont repréſenté ; & ont leſdites............ ſigné avec moi , lecture faite. (2. 3.)

---

1. Mort en naiſſant , ſans avoir été baptiſé ni ondoyé.

2. Et a ladite Matrone déclaré ne ſavoir ſigner , de ce interpellée.

3. Et leſdites............ ayant déclaré ne ſavoir ſigner ni l'une ni l'autre , de ce interpellées , elles ont fait leur préſente déclaration en préſence de........... & de................ habitans , Laboureurs de ce lieu , à moi connus , qui ont ſigné avec moi ; lecture faite.

ACTE DE BAPTÉME
D'un Enfant exposé.

L'an , &c. à huit heures du matin, il a été déclaré à moi Curé , par Joseph Doncourt , Maître Cordonnier de cette Paroisse , avoir trouvé sur les cinq heures du matin de ce jour, exposé sur la place principale de ce lieu , (1.) un Enfant mâle nouvellement né , dont la Mère lui est inconnue , & auquel j'ai à l'instant administré le Baptême, sous le nom de Nicolas , sous la condition qu'il n'auroit été précédemment baptisé *ad majorem cautelam*. (2.) Il a eu pour Parain Jean Thorel , Manœuvre de cette Paroisse , & pour Maraine Madelaine Lorene , sa femme , qui ont signé avec moi , lecture faite. (3.)

---

1. Sur le seuil de la porte de.............. habitant de cette Paroisse.

2. Quoiqu'il m'ait exhibé un extrait Baptistaire de la Paroisse de............. que ledit Doncourt a dit avoir trouvé accolé audit Enfant, lequel extrait j'ai coté & paraphé , pour demeurer joint à celui des deux Régistres servant de minute.

3. Excepté la Maraine , qui a déclaré ne savoir signer , de ce interpellés.

ACTE
D'Ondoyement.

L'an , &c. à sept heures du matin , est né un Enfant mâle , Fils de............. & de.............. actuellement de cette

Paroisse, (1. 2.) duquel Enfant le Baptême étant différé par permission de l'Ordinaire, j'en ai fait l'ondoyement, & ai signé (3.) avec le Père, présent, lecture faite.

---

1. Duquel Enfant le Baptême est différé par le danger de le transporter à l'Eglise.............. la Matrone m'ayant déclaré l'avoir ondoyé ; de quoi j'ai dressé le présent Acte, & ai signé avec, &c.

2. Le Père originaire de............. & la Mère de...........

3. Le Père absent,

ACTE DE SUPPLÉMENT
DES CÉRÉMONIES DU BAPTÉME
D'UN ENFANT ONDOYÉ.

François, Fils légitime de.......... Charpentier, (1.) & de......... sa femme, de cette Paroisse, est né le............. 17......... ayant été ondoyé pour les motifs exprimés en l'Acte d'ondoyement, dressé sur les Régistres le............ a été baptisé cejourd'hui par moi Curé, &c. (2.) & a eu pour Parain, &c. & pour Maraine, &c........... qui ont signé avec moi & le Père, présent, lecture faite. (3.)

---

1. Originaire de...........

2. Le Père absent,

3. Le Parain ayant déclaré ne savoir signer, de ce interpellé.

PROTOCOLE
D'un Acte de Mariage.

L'an............ le............. Février, après avoir béni les promesses de Mariage le............. de ce mois, & publié trois
bans, les huit, quinze & vingt-deux du même mois, à la
Messe Paroissiale, (1. 2.) sans opposition, (3. 4.) je
soussigné Curé (5.) ai donné la bénédiction nuptiale (6.)

1. Un premier & dernier ban, le vingt-deux de ce mois, avec dispense
des deux autres par Lettres de l'Ordinaire, joinre à celui des Régistres
servant de minute, &c.

2. Et après semblables (semblable) publications en la Paroisse de............
suivant qu'il est certifié par M. le Curé de ladite Paroisse, par sa Lettre
du............ servant de consentement de sa part au présent Mariage, ladite
Lettre jointe, &c.

3. Les Parties ayant obtenu dispense de l'empêchement pour cause de
parenté, par Bref de S. S............. (par Lettre de l'Ordinaire, du...............)
joint, &c.

4. Les Parties ayant obtenu dispense de l'empêchement du temps pro-
hibé, &c.

5. Vicaire............. Administrateur, Prêtre, Religieux Capucin...............
&c.

6. Curé de la Paroisse de............. ai donné la Bénédiction nuptiale dans
mon Eglise............. dans la Chapelle du Château de M............. située dans
ma Paroisse............. en présence de M. le Curé de la Paroisse de............
soussigné, (ou par permission de l'Ordinaire, comme propre Prêtre)
&c.

à Claude Voirin, Fils (7. 8. 9.) de Jean Voirin, Voiturier, de cette Paroisse, originaire de............ présent, (10. 11. 12.) & de Marie Bertin, de cette Paroisse, originaire de celle de............ (13. 14. 15. 16. 17. 18.) d'une part, &

---

7. Fils majeur de vingt-cinq ans, (de trente ans).

8. Fils mineur de vingt-cinq ans, (de trente ans).

9. Veuf de Françoise Mutfon, suivant l'extrait mortuaire de la Paroisse de........ joint, &c. ledit Claude Voirin originaire de celle de............ Fils de Jean Voirin, &c.

10. Absent, ayant donné son consentement par acte authentique légalisé, joint, &c.

11. Fils majeur, &c. (mineur) de feu Jean Voirin, Voiturier, décédé en cette Paroisse, originaire de............ & de Marie Bertin, sa Tutrice, icelle présente, originaire de la Paroisse de............ & actuellement de cette Paroisse.

12. Fils majeur, &c. (mineur) de feu Jean Voirin, Voiturier, de cette Paroisse, originaire de celle de............ & de Marie Bertin, originaire de celle de............ tous deux décédés en cette Paroisse.

13. Ledit Claude Voirin de cette Paroisse de fait & de droit.

14. Ledit Claude Voirin de cette Paroisse de fait depuis neuf mois, & de celle de............ de droit, &c.

15. Ledit Claude Voirin de cette Paroisse de droit, & de celle de........ de fait, &c.

16. Procédant sous la tutelle de Jacques Voirin, Marchand d........... son Oncle paternel, présent, (absent, & de son consentement par Acte authentique légalisé, joint), &c.

17. Ledit Claude Voirin ayant exhibé, à cause de sa majorité de trente ans, une sommation respectueuse faite audit Jean Voirin, son Père, (à ladite Marie Bertin, sa Mère & Tutrice), par acte authentique légalisé, joint, &c.

18. M'ayant été certifié que ledit Voirin est libre de tous engagemens militaires, par quatre témoins de ma Paroisse, à moi connus; savoir, Jean Lastier & Claude Poirot, Laboureurs, Henri Prudhomme & François Germain, Vignerons; l'ayant averti de la rigueur des Ordonnances sur le fait des Mariages des Soldats sans l'aveu des Supérieurs.

Lucie Vernier, (19. 20. 21.) Fille de François Vernier, Maréchal ferrant, de cette Paroisse, originaire de celle de.................. présent, (22.) & de Catherine Falaise, aussi de cette Paroisse, originaire de celle de.................. d'autre part, (23. 24. 25. 26. 27. 28. 29. 30. 31.) & ont

---

19. Fille majeure de vingt - cinq ans.

20. Fille mineure de vingt - cinq ans.

21. Veuve de François Virion, de la Paroisse de.......... originaire de celle de............. l'extrait mortuaire étant joint, &c. Ladite Lucie Vernier originaire de.................. Fille de............. &c.

22. Absent, ayant donné son consentement par Acte authentique légalisé, joint, &c.

23. Fille majeure (mineure) de feu François Vernier, Maréchal, &c. décédé en cette Paroisse, originaire de.................. & de Catherine Falaise, sa Tutrice, originaire de.................. & actuellement de cette Paroisse, présente.

24. Fille majeure (mineure) de feu François Vernier, Maréchal, &c. originaire de............. & de Catherine Falaise, originaire de............. tous deux décédés en cette Paroisse.

25. Ladite Lucie Vernier de cette Paroisse de fait & de droit.

26. Ladite Lucie Vernier de cette Paroisse de fait depuis neuf mois, & de celle de............. de droit.

27. Ladite Lucie Vernier de cette Paroisse de droit, & de celle de.......... de fait depuis neuf mois.

28. Ladite Lucie Vernier procédant sous la Tutelle de Louis Vernier, Marchand-Boucher en ce Lieu, son Oncle paternel, présent, (absent & de son consentement par Acte authentique du............. légalisé & joint), &c.

29. Ladite Veuve Virion procédant comme mineure, sous l'autorité dudit............. son Père, (de sa Mère & Tutrice), présent ou présente, (absent ou absente,) sous son consentement par Acte authentique, légalisé, joint), &c.

30. Ladite Veuve Virion, majeure, ayant exhibé de sommation respectueuse à son Père, (à sa Mère) par Acte authentique, légalisé & joint, &c.

31. Et ont les Epoux déclaré légitimer par le Mariage, deux Enfans nés de leur conjonction précédente, savoir, Jean-Baptiste, baptisé en la Paroisse de............. le............. Avril 17......... & Françoise, baptisée en celle de............. le............. Juillet 17.........

D

les Parties déclaré n'y avoir entr'elles aucun empêchement civil ni canonique ; ce que je leur ai expliqué. Fait en présence de Paul Voinier, de cette Paroisse, (32.) Oncle paternel de l'Epoux ; Alexis Voinier, Laboureur, de la Paroisse de………… ; de celle de………… son Cousin aussi paternel ; & Jean Falaise, Vigneron ; de celle de………… témoins : Et ont les Parties avant dites & témoins signé avec moi, lecture faite. (33.)

---

32. De la Paroisse de…………

33. Excepté………… lequel a déclaré ne savoir signer, de ce interpellé.

PROTOCOLE
D'UN ACTE DE RÉHABILITATION
DE MARIAGE.

Il faut à celà près suivre le Protocole de l'Acte de Mariage.

L'an………… le………… Février, après avoir publié trois bans, &c. (1.) je soussigné Curé, &c. ai réhabilité & béni le Mariage précédemment contracté, & invalide à défaut de consentement du Père de l'Epoux, alors mineur, & de publication de bans tout ensemble, &c. (2. 3.) d'entre Claude Voirin &…………

---

1. Sous la dispense des trois bans, par Lettre de l'Ordinaire du………… jointe, &c.

2. A défaut de présence ou consentement du propre Prêtre.

3. A défaut de dispense pour cause de |parenté entre les Epoux, les Parties ayant exhibé de cette dispense pour l'effet de la présente réhabilitation, par Bref, &c. (par Lettres de l'Ordinaire, &c.) joints, &c.

PROTOCOLE
DE L'ACTE DE FIANÇAILLES.

L'an.............. le.............. je fouſſigné Curé.............. ai béni les Fiançailles d'entre Claude Voirin, Fils de.............. &c. d'une part, & Lucie Vernier, Fille de.............. &c. en préſence de.............. témoins, du conſentement de leur Père ou Mère, préſens, (1.) Tuteur & Curateur, & ont leſdits Père, (ou Mère ſurvivant), & les témoins, ſigné avec moi, après lecture faite. (2.)

Il faut ſur ſa qualité, profeſſion & domicile de droit & de fait, conſentement, &c. & témoins, ſe conformer au Protocole des Actes de Mariage.

1. Abſens, donné par Acte authentique du.............. légaliſe & joint, &c.

2. Excepté.............. qui a déclaré ne ſavoir ſigner, de ce interpellé.

PROTOCOLE
D'ACTE DE SÉPULTURE.

Jean Phulpin, de cette Paroiſſe, (1. 2. 3. 4.) eſt décédé à deux heures après midi, le vingt-cinq Janvier mil

1. Marie Colin, Fille de Philippe Colin, de cette Paroiſſe.............. originaire de celle de.............. & d'Eliſabeth Freteau, originaire de.............. âgée de dix-neuf ans, &c.

2. Originaire de celle de..............

3. Veuf en premières Nôces de Françoiſe Pajot, originaire de.............. & en ſecondes Nôces d'Urſule Guérin, originaire de..............

4. Mari de Nicole Nicolas, ſa ſurvivante.

sept cent............ âgé de soixante ans, muni des Sacremens de l'Eglise. (5.) Son corps a été inhumé le vingt-sept, au Cimetière de la Paroisse, (6.) avec les cérémonies ordinaires, en présence de Jean Laurent, Cardeur de Laine, son Beau-frère, à cause de Catherine Lardieu, sa Veuve; de Jean-Baptiste Lory & Claude Oudot, Laboureurs, ses Cousins, témoins, qui ont signé avec moi, (7.) lecture faite.

---

5. Muni de l'Absolution & Extrème - Onction, ayant été prévenu d'une léthargie.

6. En l'Eglise de............... (au Cimetière de la Paroisse de............ où il a été transféré.

7. Excepté Jean - Baptiste Lory, qui a déclaré ne savoir signer, de ce interpellé.

ACTE DE SÉPULTURE
D'un Enfant mort au sein
de sa Mere.

Aujourd'hui............... Janvier mil sept cent.......... Cecile Grandidier, Matrone de ce Lieu, assistée de Claude Florentin, de cette Paroisse, & de Françoise Beaujour, femme de............... aussi de cette Paroisse, ayant déclaré à moi Curé, que Barbe Viller, femme audit Florentin, étoit accouchée environ sept heures du matin dudit jour, d'un Enfant mort; & me l'ayant représenté, j'ai ordonné qu'il fut inhumé à côté du Cimetière, ce qui a été fait à l'instant; & ont ladite Matrone, ledit Florentin, signé avec

moi, lecture faite ; (excepté ladite Beaujour , qui a déclaré
ne savoir signer , de ce interpellée.)

ACTE DE SÉPULTURE

D'un Enfant mort peu avant ou aprés

sa Mere.

Jean Gaudel , Fils de Claude Gaudel , Vitrier , de cette
Paroisse , (1.) né cejourd'hui , à six heures du matin ,
est décédé à six heures & demie aussi du matin dudit
jour ; sa Mère , Jeanne Bonet , (2.) étant prédécédée
d'un quart d'heure , (3. 4.) & a été inhumé au Cimetière , le lendemain ; & ont lesdits témoins signé avec nous ,
lecture faite. (5.)

1. Originaire de celle de............

2. Originaire de............

3. Jeanne Bonet, sa Mère , lui ayant survecu d'un quart d'heure.

4. Suivant qu'il nous est attesté par Elisabeth Dechoux , Matrone , de cette
Paroisse , Françoise Collot , femme de François Godefroy , & Nicole
Aubertin , femme de Claude Sibien , aussi de cette Paroisse.

5. Excepté................ qui a déclaré ne savoir signer , de ce interpellé.

PROTOCOLE
DE L'ACTE CAPITULAIRE QUI AUTORISE LE SUPÉRIEUR
A COTTER LE RÉGISTRE
DE VÉTURE, NOVICIAT ET PROFESSION.

Cejourd'hui.............. les Religieux de l'Abbaye de.............. en la Ville de.............. (les Religieuses du Monastère de..............) Capitulairement assemblés (assemblées) en la manière ordinaire, ont donné pouvoir à Dom.............. leur Prieur, (à la Mère Supérieure) de cotter & parapher le présent Régistre, pour y inscrire, pendant cinq années, les Actes de Véture, Noviciat & Profession dans ce Monastère; & ont signé, lecture faite.

PROTOCOLE
D'UN ACTE DE VETURE
ET NOVICIAT.

Cejourd'hui.............. Nous Prieur & Religieux du Monastère de.............. assemblés, après examen des vie & mœurs du Sieur Claude Vauthier, âgé de vingt ans, suivant son Extrait Baptistère de la Paroisse de.............. en date du.............. Fils légitime du Sieur François Vauthier, Marchand à.............., originaire de.............. & de D^{lle}. Elisabeth Montreux, originaire de.............. ledit Sr.

Vauthier, Père, présent ; (1. 2. 3.) ayant admis ledit Sieur Claude Vauthier à la Vêture & Noviciat , le R. P............ lui a donné l'Habit de l'Ordre , pour commencer son épreuve suivant la Règle , pendant l'année , (4.) en cette Maison. Fait audit Monastère , les an & jour susdits ; & ont les Parties & Religieux avant dits & présens , signé avec le Célébrant & le Supérieur actuel , en présence de.............. Marchand............... Cousin germain maternel , de............... Charpentier à............... de............... & de............... &c. témoins connus & requis , lecture faite.

Même Acte pour une Religieuse.

1. Absent , ayant donné son consentement , par Acte authentique , légalisé , cy-joint.

2. De feu le Sieur............... agissant sous l'autorité de Dlle. Elisabeth Montreux , sa Mère & Tutrice , présente , (absente , ayant donné son consentement , &c.

3. Et de feu............... ses Père & Mère défunts , agissant sous l'autorité de............... Marchand à............... son Tuteur , présent , (absent , ayant donné son consentement) , &c.

4. Pendant deux années.

PROTOCOLE
D'un Acte de Profession.

Cejourd'hui............... nous Prieur & Religieux du Monastère de............... assemblés , après examen du Frère Claude Vauthier , admis au Noviciat par Acte du............... & icelui completté sans interruption ; ledit Frère Vauthier

ayant été admis à l'émiſſion de ſes Vœux & Profeſſion Religieuſe, la Cérémonie s'en eſt faite en notre préſence,
entre les mains du R. P.................... De quoi a été dreſſé
le préſent Acte, en préſence de.................... témoins, &c.
Les conſentemens néceſſaires ayant été donnés, ſuivant qu'il
eſt énoncé audit Acte de Vêture. Fait audit Monaſtère
le.................... & ont les Parties & Célébrans, Supérieur,
Religieux & témoins, ſigné, lecture faite. (1.)

Même Acte pour une Religieuſe.

————————————————————————————

1. Et a.................... témoin, déclaré ne ſavoir ſigner, de ce interpellé.